JESSICA OLDFIELD
FOTOGRAFÍAS DE ELISA WATSON

SUPERFÁCIL

COCINA CON 3 - 6 INGREDIENTES

COCINA VEGANA

Librero

Índice

A FUEGO LENTO

PASTA

HORTALIZAS

DULCES

El veganismo

El veganismo es un modo de vida que excluye todo alimento animal o de origen animal. La ausencia de alimentos como la carne, el pescado, los huevos y los productos lácteos puede disuadir a más de una persona. Pero adoptar una dieta vegana no consiste meramente en «sustituir» el pollo por tofu, los huevos por chía, etc. Se trata de devolver los alimentos no transformados al centro de nuestra alimentación y de ampliar nuestro repertorio de ingredientes.

Optar por el veganismo es ante todo consumir verdaderos alimentos de temporada y optar por todo aquello que procede de las plantas: frutas, verduras, frutos secos, semillas, legumbres, brotes y cereales, para preparar con ellos unos platos riquísimos, a la vez que nutritivos.

EL PODER DE UNA DIETA DE ORIGEN VEGETAL

Las ventajas de una alimentación con más comidas sin proteínas animales son numerosas. De forma general, una dieta vegana disminuye los aportes de grasas saturadas y hormonas animales, en beneficio de las frutas y verduras frescas, que contribuyen a:

- estabilizar la glucemia
- reducir la colesterol
- favorecer la pérdida de peso
- reforzar la inmunidad
- mejorar la salud y el bienestar general

IMPORTANCIA DE LAS PROTEÍNAS

Una dieta vegana aporta una gran diversidad de perfiles de aminoácidos esenciales, que constituyen los componentes básicos de las proteínas. De 20 aminoácidos, nuestro cuerpo sintetiza 11 de forma natural. Los otros 9, llamados «aminoácidos esenciales», se encuentran en numerosos ingredientes, en particular en los alimentos veganos mencionados a continuación. Para gozar de buena salud, hay que asegurarse de consumir todos los días una mezcla de las siguientes proteínas vegetales.

- ☐ Amaranto
- ☐ Quinoa
- ☐ Trigo sarraceno
- ☐ Lentejas
- ☐ Semillas (cáñamo, chía, sésamo, calabaza, girasol, linaza)
- ☐ Espirulina
- ☐ Garbanzos
- ☐ Frutos secos (almendras, nueces, pistachos, nueces de macadamia, anacardos, cacahuetes)
- ☐ Judías (incluida la soja verde no modificada genéticamente)
- ☐ Tofu
- ☐ Tempeh

5 CONSEJOS PRÁCTICOS PARA VEGANOS PRINCIPIANTES

Paso a paso

Si le cuesta excluir de una vez todos los productos de origen animal de su alimentación, vaya sustituyéndolos uno tras otro por un producto de origen vegetal, hasta que se acostumbre a él.

Escoger

Saque de su despensa y de su nevera todos los alimentos elaborados o que contengan productos de origen animal, y abastézcase de cereales, legumbres y frutos secos, así como de hortalizas frescas.

Tómese su tiempo

Al principio, cocinar platos únicamente a base de hortalizas puede ser todo un desafío. Pero verá cómo, si dedica un poco más de tiempo a preparar sus comidas, ¡acabará divirtiéndose de verdad en la cocina!

Anticípese

Mantenga el rumbo teniendo todo lo que el haga falta a su disposición. Todos los brotes y los cereales pueden cocerse con antelación y guardarse una semana, de manera que así podrá ahorrar tiempo y energías en preparar sus comidas.

Evite los platos preparados

La mayoría de los platos preparados vegetarianos contienen principalmente ingredientes transformados, sin sabor y con azúcar. Cocínelos usted y se dará cuenta de hasta qué punto merece la pena.

El colmado vegano

BEBIDAS VEGETALES

- ☐ Bebida de avena
- ☐ Bebida de arroz
- ☐ Bebida de almendra
- ☐ Bebida de soja
- ☐ Bebida de coco

SEMILLAS

- ☐ Semillas de chía
- ☐ Semillas de linaza
- ☐ Semillas de calabaza
- ☐ Semillas de girasol

SUSTITUTOS DE LOS HUEVOS

- ☐ Semillas de linaza molidas
- ☐ Semillas de psyllium
- ☐ Semillas de chía

SALSAS

- ☐ Tahín
- ☐ Ponzu
- ☐ Soja
- ☐ Tamari
- ☐ Mirin

PASTA

- ☐ Pasta de trigo integral
- ☐ Fideos udon
- ☐ Fideos soba
- ☐ Fideos de arroz

ARROZ

- ☐ Arroz integral
- ☐ Arroz basmati
- ☐ Arroz jazmín
- ☐ Arroz salvaje

CEREALES

- ☐ Quinoa
- ☐ Trigo sarraceno
- ☐ Cebada
- ☐ Amaranto
- ☐ Mijo
- ☐ Frikeh
- ☐ Farro
- ☐ Sémola de trigo

LEGUMBRES

- ☐ Lentejas rojas
- ☐ Lentejas verdes
- ☐ Lentejas negras «Beluga»
- ☐ Garbanzos

ACEITES (VEGETALES, DE SEMILLAS Y DE FRUTOS SECOS)

Siempre en su versión virgen extra, de primera presión en frío, la mejor calidad que existe.

- ☐ Aceite de coco
- ☐ Aceite de girasol
- ☐ Aceite de pipas de calabaza
- ☐ Aceite de oliva
- ☐ Aceite de nueces de macadamia
- ☐ Aceite de aguacate
- ☐ Aceite de almendra

CONDIMENTOS Y ACOMPAÑAMIENTOS

- ☐ Hortalizas marinadas
- ☐ Chutneys de frutas y de hortalizas
- ☐ Chucrut
- ☐ Levadura alimentaria en copos
- ☐ Algas nori

1

Batido superproteínico

listo en 5 minutos

sin cocción

para 1 persona

plátano
× 1

frambuesas
70 g

semillas de cáñamo peladas
1 cucharadita

espirulina en polvo
1 cucharadita

cubitos de hielo
70 g

○ Ponga todos los ingredientes en el vaso de la batidora y tritúrelos hasta obtener una textura lisa.

2

Chips de col kale

listo en 5 minutos

15 minutos de cocción

para 2 personas

col kale
× 10 a 12 hojas

aceite de coco
30 ml

guindilla molida
1½ cucharaditas

copos de levadura
1½ cucharaditas

- Precaliente el horno a 170 °C. Limpie las hojas de col, séquelas y trocéelas, sin los tallos.
- Extiéndalas en la bandeja del horno forrada con papel vegetal. Esparza por encima la guindilla y la levadura, rocíe con el aceite y añada 1 cucharadita de sal.
- Ase los chips en el horno 15 minutos, dándoles la vuelta cada 5 minutos, hasta que estén crujientes.
- Deje que se enfríen un poco antes de servirlos.

3

Almendras tostadas

almendras enteras
320 g

tomillo
× 1 ramito

aceite de coco
20 ml

guindilla molida
1 cucharadita

semillas de chía
1 cucharada

listo en 5 minutos

30 minutos de cocción

para 6 personas

- Deshoje el tomillo. Derrita el aceite de coco. Remoje la chía 5 minutos en 3 cucharadas de agua.
- Precaliente el horno a 180 °C. Mezcle las almendras con el tomillo, la guindilla y 1 cucharadita de sal. Vierta el aceite y añada la chía. Extiéndalo en la bandeja del horno forrada con papel vegetal.
- Tueste las almendras en el horno de 20 a 30 minutos, hasta que se doren, dándoles la vuelta cada 10 a 15 minutos. Deje que se enfríen un poco.

Bolas energéticas

listo en 5 minutos

20 minutos de congelador

para 18 bocados

almendras enteras
160 g

dátiles medjool
× 12

aceite de coco
80 ml

tahin integral
40 g

sirope de arce
20 ml

semillas de sésamo negro
25 g

- Deshuese los dátiles. Pique un poco las almendras en la picadora.
- Añada el resto de los ingredientes excepto el sésamo, eche solo un poco de sal y tritúrelo hasta que se mezcle todo bien. Hay que obtener una pasta espesa.
- Forme bolas con la pasta y rebócelas en el sésamo.
- Déjelas 20 minutos en el congelador. Sáquelas 5 minutos antes de servirlas.

5

Bruschetta de habas

listo en 5 minutos

2 minutos de cocción

para 1 persona

habas desenvainadas
350 g

queso de anacardos
50 g (receta 7)

menta
unas ramitas

pan de levadura
× 2 rebanadas

aceite de oliva
20 ml

limón
× ½

- Rompa las hojas de menta en trocitos. Escalde las habas 2 minutos en agua salada hirviendo. Escúrralas. Si fueran grandes, quíteles la primera piel.
- Mezcle las habas con el aceite, un cuarto de cucharadita de sal, media cucharadita de pimienta y el zumo del limón, y luego cháfelo todo con un tenedor.
- Tueste las rebanadas de pan. Úntelas con el queso de anacardos y luego reparta la pasta de habas; esparza la menta por encima.

6

Humus de remolacha

remolacha
× 1

garbanzos cocidos
400 g

aceite de almendra
60 ml

lima
× 1

eneldo
× 1 ramito

listo en 5 minutos

sin cocción

para 4 personas

○ Pele y trocee la remolacha. Escurra y aclare los garbanzos. Exprima la lima y mida 3 cucharadas de zumo.

○ Ponga todos los ingredientes en el vaso de la batidora, añada un cuarto de cucharadita de sal y tritúrelo hasta obtener una textura lisa.

Queso de anacardos

listo en 2 minutos
3 horas de reposo

sin cocción

para 4 personas

anacardos
310 g

aceite de coco
40 ml

limón
× 1

copos de levadura
1½ cucharaditas

cebollino
× 1 manojito

- La noche anterior, deje los anacardos en remojo en agua. Aclárelos y escúrralos. Derrita el aceite de coco. Exprima el limón y mida 60 ml de zumo.

- Triture todos los ingredientes, excepto el cebollino, con 60 ml de agua y 1 cucharadita de sal hasta obtener una textura lisa. Pique bien el cebollino e incorpórelo.

- Forme una bola con la pasta en una hoja de papel vegetal. Déjela en la nevera 2 horas. En frío, se conservará hasta 2 semanas.

Tostadas de aguacate y dukkah

listo en 2 minutos

2 minutos de cocción

para 1 persona

aguacate
× 1

dukkah
1 cucharadita

pan de centeno
× 2 rebanadas

limón
× ½

brotes de alfalfa
2 cucharadas

- Pele el aguacate, quítele el hueso y córtelo en láminas a lo largo. Exprima el medio limón.
- Tueste las rebanadas de pan 2 minutos o hasta que empiecen a tomar color.
- Reparta las láminas de aguacate entre las tostadas y sazone con el dukkah, sal y pimienta. Adórnelas con unos brotes de alfalfa y rocíelas con un chorrito de zumo de limón.

Nachos frescos

chips de maíz
250 g

judías rojas cocidas
800 g

cilantro
× 1 ramito

aguacate
× 1 grande

guindilla verde fresca
× 1 larga

limas
× 2

listo en 10 minutos

sin cocción

para 4 personas

- Escurra y aclare las judías. Pique las hojas del cilantro (reserve los tallos). Trocee el aguacate. Corte fina la guindilla al bies. Ralle la piel de las limas y exprímalas.
- Disponga los nachos en el fondo de una ensaladera.
- Triture las judías con el zumo y la ralladura de lima, los tallos del cilantro, un cuarto de cucharadita de sal y 1 cucharadita de pimienta hasta obtener una crema homogénea. Repártala sobre los nachos y luego disponga el aguacate, las rodajitas de guindilla y el cilantro.

10

Frittatas de boniato

listo en 5 minutos

50 minutos de cocción

para 8 unidades

boniato
90 g

trigo sarraceno pelado
160 g

nueces
120 g

cebolla caramelizada
80 g

semillas de psyllium
1 cucharada

albahaca
× 4 hojas

- Ralle el boniato y elimine el exceso de agua. Cueza el trigo sarraceno y deje que se enfríe. Remoje el psyllium 5 minutos en 180 ml de agua. Precaliente el horno a 190 °C.
- Triture las nueces hasta obtener una textura lisa y cremosa.
- Mezcle todos los ingredientes excepto la albahaca; sálelo. Reparta la mezcla en 8 moldes para minimagdalenas. Ponga media hoja de albahaca encima de cada «frittata».
- Cuézalas en el horno de 50 a 60 minutos. Deje que se enfríen antes de desmoldarlas.

Tarta de calabaza y dukkah

calabaza
60 g

hojaldre sin lactosa
1 rollo

cebolla roja
× ¼

aceite de oliva
20 ml

cilantro
× ½ ramito

dukkah
1 cucharadita

listo en 5 minutos

20 minutos de cocción

para 4 personas

- Pele la calabaza, despepítela y córtela en láminas con una mandolina. Corte la cebolla en láminas. Precaliente el horno a 220 °C.
- Extienda el hojaldre sobre papel vegetal. Marque un reborde de 2 cm de ancho. Pinche el centro con un tenedor. Úntelo con aceite y luego reparta la calabaza. Disponga la cebolla, sazone con el dukkah y salpimiente.
- Hornéelo de 20 a 25 minutos, hasta que la masa esté crujiente. Corte la tarta en 4 o 6 porciones y adórnela con hojas de cilantro.

Sopa de lentejas

listo en 5 minutos

20 minutos de cocción

para 4 personas

lentejas verdes
170 g

caldo de verduras
1 litro

cebolla roja
× 1

ajo
× 4 dientes

aceite de coco
30 g

limas
× 2

- Aclare las lentejas. Pique la cebolla y el ajo. Exprima las 2 limas. Derrita el aceite de coco 2 minutos en una cazuela. Sofría el ajo 1 minuto, y luego añada la cebolla. Déjelo al fuego 5 minutos, hasta que todo esté bien tierno.
- Incorpore las lentejas y el caldo, sálelo y llévelo a ebullición.
- Baje el fuego y cuézalo 20 minutos, hasta que las lentejas estén tiernas y la sopa se haya espesado un poco. Añada el zumo de lima y 1 cucharadita y media de pimienta.

Caldo de jengibre con udon

fideos udon
150 g

caldo de verduras
1½ litros

edamame congelado
225 g

miso blanco
60 g

jengibre
30 g

listo en 5 minutos

10 minutos de cocción

para 4 personas

- Pele el jengibre y córtelo en juliana. Póngalo en una olla con un cuarto de cucharadita de sal, 1 cucharadita de pimienta y el caldo, caliéntelo y deje que los sabores se mezclen 5 minutos.
- Eche los fideos, y luego baje el fuego y cuézalos 3 o 4 minutos, hasta que estén hechos.
- Añada el miso y el edamame.

Sopa toscana

perejil
× 1 ramito

judías blancas cocidas
600 g

tomate troceado
400 g

cebolla
× 1

ajo
× 2 dientes

aceite de oliva
30 ml

listo en 5 minutos

35 minutos de cocción

para 4 personas

- Pique el perejil. Escurra las judías y aclárelas. Corte la cebolla en láminas. Pele los ajos. En el mortero, maje 1 cucharadita de sal, el ajo y los tallos del perejil hasta obtener una pasta.
- Caliente 20 ml de aceite en una cazuela. Rehogue la cebolla. Eche la pasta majada y remueva 1 minuto.
- Añada las judías, el tomate y 1 litro de agua. Salpimiente. Llévelo a ebullición y luego cuézalo a fuego lento 30 minutos, medio tapado. Adorne la sopa con hojas de perejil y vierta un chorrito de aceite de oliva.

Sopa tailandesa de curri verde

berenjena
× 1 grande

tomates cherry
250 g

tallarines de arroz
200 g

leche de coco
400 ml

pasta de curri verde
110 g

limas
× 3

listo en 15 minutos

25 minutos de cocción

para 4 personas

- Corte la berenjena en dados. Remoje los fideos 10 minutos en agua fría. Ralle la piel de las limas y exprímalas.
- Caliente 2 cucharadas de leche de coco 1 minuto. Eche la pasta de curri y remueva 2 minutos. Añada la berenjena, el resto de la leche de coco, 2 cucharaditas de sal y 600 ml de agua. Llévelo a ebullición. Agregue los tomatitos y cuézalo a fuego lento 20 minutos, tapado. Vierta el zumo de lima.
- Reparta los fideos en 4 boles, vierta la sopa y añada la ralladura.

Ensalada de cebada y fruta

listo en 10 minutos

25 minutos de cocción

para 4 personas

cebada perlada
160 g

pomelo rosa
× 1 grande

melocotones
× 3

lima
× 1

aceite de almendra
40 ml

menta
× 1 ramito

- Aclare la cebada. Pele el pomelo y córtelo en láminas finas. Deshuese los melocotones y córtelos en láminas. Exprima la lima para obtener 1 cucharada de zumo. Pique bien la menta.
- Ponga en una cazuela la cebada con una pizca de sal y 750 ml de agua. Llévelo a ebullición y luego baje el fuego y cueza la cebada de 25 a 30 minutos, hasta que esté tierna. Escúrrala y deje que se enfríe en una ensaladera.
- Añada el resto de los ingredientes, salpimiente y mezcle bien.

Ensalada de quinoa y coles

listo en 10 minutos

15 minutos de cocción

para 4 personas

quinoa tricolor
300 g

coles de Bruselas
250 g

nueces de macadamia
110 g

limón
× 1 grande

aceite de coco
20 ml

sirope de arce
20 ml

- Corte las coles de Bruselas en láminas finas. Trocee las nueces de macadamia. Exprima el limón. Aclare la quinoa y póngala en una olla con 375 ml de agua y una pizca de sal. Baje el fuego al mínimo y cuézala 15 minutos. Escúrrala.
- Emulsione el zumo de limón con el aceite de coco fundido y el sirope de arce. Rocíe la quinoa con la salsa.
- Añada las láminas de coles de Bruselas y las nueces de macadamia, salpimiente y mezcle bien.

Arroz pilaf dulce y salado

listo en 5 minutos

45 minutos de cocción

para 4 personas

arroz salvaje
200 g

caldo de verduras
750 ml

cebolla roja
× 1

aceite de oliva
40 ml

manzanas Pink Lady
× 1½

pistachos pelados
60 g

- Caliente el aceite a fuego medio en una cazuela. Añada la cebolla laminada y sofríala unos 3 minutos, hasta que esté tierna. Eche el arroz y rehóguelo 1 minuto antes de verter el caldo. Llévelo a ebullición.
- Baje el fuego, tape la cazuela y cueza el arroz 45 minutos o hasta que esté tierno. Escúrralo y deje que se enfríe en una ensaladera.
- Complete el plato con la manzana en juliana y los pistachos, y salpimiente.

Plato japonés

listo en 5 minutos

10 minutos de cocción

para 4 personas

arroz integral precocinado
220 g

aguacates
× 2

rábanos rojos marinados
200 g

pepinos
× 2 pequeños

salsa de soja
10 ml

algas nori
3 hojas

- Aclare el arroz. Pele los aguacates, quíteles el hueso y córtelos en rodajas. Corte los pepinos en cintas. Corte las algas en tiritas.
- Lleve a ebullición 1 litro de agua salada en una olla. Eche el arroz, baje el fuego al mínimo y cuézalo de 10 a 15 minutos, hasta que esté tierno. Escúrralo.
- Reparta el arroz entre los platos y luego disponga alrededor el aguacate, el pepino y los rábanos, por separado. Rocíe el arroz con un chorrito de salsa de soja y esparza las algas por encima.

20

Cuscús de coliflor

listo en 10 minutos

sin cocción

para 4 personas

coliflor
× 1 grande

cilantro
× 1 ramito

almendras enteras
160 g

comino en grano
10 g

arándanos rojos secos
30 g

aceite de oliva
40 ml

- Ralle gruesa la coliflor después de desechar las hojas y los tronchos. Deshoje el cilantro y pique bien los tallos.
- Tueste el comino en una sartén a fuego medio, hasta que se tueste y empiece a chisporrotear. Haga lo mismo con las almendras. Deje que se enfríen y luego píquelas.
- Ponga todos los ingredientes en una ensaladera grande, salpimiente y remueva bien con las manos.

Ensalada de lentejas y nueces

listo en 5 minutos

30 minutos de cocción

para 4 personas

lentejas negras
400 g

zanahorias
× 2

sirope de arce
40 ml

rúcula
20 g

nueces
100 g

aceite de almendra
40 ml

- Ralle las zanahorias. Pique las nueces. Aclare las lentejas, póngalas en una olla y cúbralas con agua. Eche 1 pizca de sal, llévelas a ebullición y luego cuézalas a fuego lento 20 minutos. Escúrralas.
- Precaliente el gratinador. Mezcle la zanahoria con una pizca de sal y el sirope de arce. Extiéndala en la bandeja del horno forrada con papel vegetal. Déjela bajo el gratinador 10 minutos.
- Mezcle las lentejas y la zanahoria con el resto de los ingredientes y salpimiente.

Ensalada de farro y tomatitos

farro
400 g

tomatitos de colores
500 g

hinojo
× 1 bulbo pequeño

queso de anacardos
250 g (receta 7)

aceite de oliva
40 ml

listo en 5 minutos

30 minutos de cocción

para 4 personas

- Corte los tomates en rodajitas. Limpie hinojo y corte en láminas el bulbo y los tallos.
- Aclare el farro y luego llévelo a ebullición en una olla con una pizca de sal y 1,25 litros de agua. Tápelo, baje el fuego al mínimo y cuézalo de 25 a 30 minutos, hasta que el agua se haya absorbido por completo. Deje que se enfríe 5 minutos.
- Mezcle bien el farro con el resto de los ingredientes y desmigue el queso de anacardos por encima. Salpimiente.

Ensalada de remolacha asada

remolachas
× 4 grandes

garbanzos cocidos
460 g

pepino
× 1

sumac
2 cucharaditas

aceite de oliva
40 ml

listo en 10 minutos

20 minutos de cocción

para 4 personas

- Pele las remolachas y, con una mandolina, córtelas en rodajas de 1,5 mm. Corte el pepino en dados. Precaliente el horno a 180 °C.
- Mezcle la remolacha con 1 cucharada con aceite y 1 cucharadita de sal. Repártala entre dos bandejas de horno forradas con papel vegetal. Hornéela 20 minutos, hasta que esté crujiente. Deje que se enfríe sobre una rejilla.
- En una ensaladera, mezcle los otros ingredientes con 1 cucharadita de sal. Añada los chips de remolacha en el momento de servir.

Plato arcoíris

listo en 10 minutos

15 minutos de cocción

para 4 personas

quinoa tricolor
300 g

col roja
× ¼

aguacate
× 1 grande

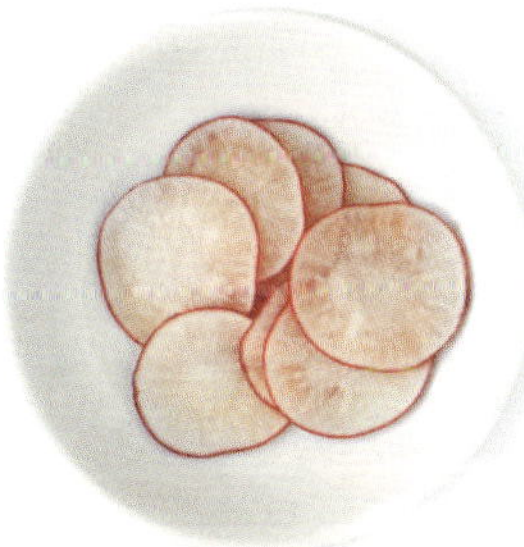

rábanos asiáticos
× 2 pequeños

zanahoria
× 1 grande

aceite de oliva

- Corte la col en láminas finas. Corte el aguacate en rodajas. Corte los rábanos en rodajas finas y la zanahoria, en cintas. Aclare la quinoa y luego llévela a ebullición en una olla con una pizca de sal y 1 litro de agua. Baje el fuego al mínimo y cuézala 15 minutos, hasta que esté tierna. Deje que se enfríe.
- Reparta la quinoa en el centro de los platos, y luego disponga alrededor la col, el aguacate, el rábano y la zanahoria, por separado. Rocíe generosamente con aceite de oliva y salpimiente.

Ensalada de soja y manzana

listo en 10 minutos

40 minutos de cocción

para 4 personas

soja verde seca
350 g

anacardos
160 g

manzana Pink Lady
× 1

menta
× 1 manojo

aceite de oliva
40 ml

- Pique los anacardos y la menta. Corte la manzana en bastoncitos. Aclare la soja verde, póngala en una olla con una pizca de sal y cúbrala con 2 litros de agua. Llévela a ebullición y luego baje el fuego y cuézala de 40 a 45 minutos, hasta que esté tierna. Escúrrala y deje que se enfríe.
- Dore los anacardos en una sartén a fuego medio.
- Ponga todos los ingredientes en una ensaladera y mezcle bien.

Bol de mijo y pera

mijo
200 g

peras
× 3

perejil
× 1 ramito

aceite de oliva
40 ml

listo en 5 minutos

20 minutos de cocción

para 4 personas

- Descorazone las peras y trocéelas. Aclare el mijo, póngalo en una olla a fuego medio-fuerte y tuéstelo 3 minutos, sin dejar de remover.
- Vierta 500 ml de agua, eche una pizca de sal y llévelo a ebullición. Tápelo, baje el fuego y cuézalo 20 minutos. Retire el exceso de agua y separe los granos con un tenedor.
- Mezcle el mijo con el resto de los ingredientes, salpimiente y remueva bien.

Kitchari indio

listo en 20 minutos

25 minutos de cocción

para 4 personas

lentejas amarillas
170 g

arroz basmati
100 g

aceite de coco
40 g

cilantro
× 1 ramito

panch phoron
1½ cucharadita

- Remoje las lentejas y el arroz en agua 20 minutos. Escúrralo.
- Caliente el aceite de coco en una cazuela 2 minutos. Sofría las especias 1 minuto. Cuando chisporroteen, añada las lentejas con arroz, 1 litro de agua y 1½ cucharaditas de sal.
- Llévelo a ebullición y tápelo a medias. Baje el fuego y cuézalo de 25 a 30 minutos. Esparza el cilantro por encima.

28

Frikeh con hortalizas

hortalizas de raíz
900 g

puerro
× 1 grande

aceite de oliva
80 ml

frikeh majado
230 g

listo en 10 minutos

20 minutos de cocción

para 4 personas

- Corte la parte blanca del puerro en rodajas y aclárelo bien. Ralle las hortalizas en tiras. Aclare el frikeh.
- Precaliente el horno a 200 °C. Mezcle las hortalizas con 2 cucharadas de aceite y 1 cucharadita de sal. Repártalas entre 2 bandejas de horno forradas con papel vegetal. Hornéelas 30 minutos.
- Lleve a ebullición en una olla 875 ml de agua con el frikeh, el resto del aceite y 1 cucharadita de sal. Baje el fuego y cuézalo 20 minutos. Mezcle el frikeh con las hortalizas asadas.

Plato de sarraceno y melocotón

listo en 10 minutos

30 minutos de cocción

para 4 personas

trigo sarraceno pelado
200 g

remolachas
× 4 pequeñas

melocotones
× 4

tomillo
× 10 ramitas

aceite de oliva
40 ml

- Aclare el sarraceno. Pele la remolacha y córtela fina, también las hojas. Corte los melocotones en cuñas. Pique el tomillo. Precaliente el horno a 180 °C.
- Ponga la fruta con el tomillo y 1 cucharada de agua en un plato, tápela con aluminio y hornéela 10 minutos.
- Ponga a hervir 500 ml de agua con algo de sal y el sarraceno. Baje el fuego y cuézalo 20 minutos. Escúrralo y déjelo reposar 5 minutos. Mezcle el sarraceno con la fruta, el resto de los ingredientes y 1 cucharadita de sal. Remueva bien.

Plato oriental

listo en 5 minutos

10 minutos de cocción

para 4 personas

calabacines
× 4

garbanzos cocidos
400 g

comino molido
4 cucharaditas

aceite de oliva
20 ml

granos de granada
90 g

- Con un pelapatatas o una mandolina, corte los calabacines en láminas a lo largo. Escurra los garbanzos y aclárelos. Precaliente el gratinador a alta temperatura.
- Extienda en la bandeja del horno los garbanzos mezclados con media cucharadita de sal, el comino y 2 cucharaditas de aceite. Déjelos bajo el gratinador 10 minutos, hasta que se doren.
- Mézclelos con el resto de los ingredientes, rocíe con el resto del aceite, salpimiente y sírvalo enseguida.

Bol de tofu y naranja

listo en 5 minutos

6 minutos de cocción

para 4 personas

tofu consistente
800 g

aceite de coco
20 ml

menta
× 1 ramito

limones
× 2

comino en grano
1 cucharadita

naranja
× 1

- Trocee el tofu. Pique bien las hojas de la menta. Pele la naranja y los limones sin llevarse apenas parte blanca y pique la piel. Exprima 1 limón.
- Caliente el aceite de coco en una cazuela 2 minutos. Eche el comino. Cuando empiece a espumar, añada 1 cucharadita de sal y el tofu, y úntelo bien de aceite. Fríalo 6 minutos.
- Sirva el tofu con la menta, la piel de cítricos y el zumo de limón.

Bol de quinoa y kimchi

listo en 5 minutos

15 minutos de cocción

para 4 personas

quinoa tricolor
300 g

kimchi
200 g

tirabeques
300 g

almendras enteras
120 g

aceite de oliva
2 cucharaditas

- Despunte los tirabeques y quíteles los hilos. Tueste ligeramente las almendras y trocéelas. Ponga en una olla la quinoa con 1 litro de agua y una pizca de sal. Llévela a ebullición y luego baje el fuego y cuézala 15 minutos. Apártela del fuego. Eche los tirabeques, tape la olla y déjela al fuego otros 2 minutos.

- Reparta la quinoa en platos hondos, y luego disponga alrededor los tirabeques, las almendras y el kimchi, por separado. Rocíelo con un chorrito de aceite de oliva y salpimiente.

Bol de lentejas y pesto

listo en 5 minutos

25 minutos de cocción

para 4 personas

lentejas verdes
300 g

aceitunas verdes
250 g

nueces
100 g

albahaca
× 1 manojo

aceite de oliva
125 ml

- Deshuese las aceitunas. Aclare las lentejas y póngalas en una cazuela con 1 litro de agua. Añada una pizca de sal y llévelas a ebullición. Baje el fuego y cuézalas 25 minutos, o hasta que estén tiernas. Escúrralas y deje que se enfríen.

- Triture las aceitunas, la albahaca y las nueces en la batidora hasta obtener una pasta basta. Vierta el aceite y triture un poco más, hasta que todo se mezcle.

- Reparta el pesto por encima de las lentejas y salpimiente.

Cuscús con col kale

listo en 5 minutos

5 minutos de reposo

para 4 personas

sémola de trigo
400 g

col kale
× 5 hojas

anacardos
75 g

dátiles secos
45 g

pistachos sin sal
25 g

aceite de oliva
2 cucharaditas

- Deseche los tronchos de la col y córtela en tiras finas. Trocee los anacardos y corte los dátiles en láminas.
- En una ensaladera grande, mezcle la sémola con los dátiles y 2 cucharaditas de sal, y luego vierta 400 ml de agua hirviendo. Tápelo con film transparente y déjelo reposar 5 minutos para que la sémola se hinche.
- Ahueque la sémola con un tenedor, y luego mézclela con el aceite, la col, los anacardos y los pistachos.

Arroz con puerro al limón

listo en 5 minutos

30 minutos de cocción

para 4 personas

puerros
× 2

arroz integral precocido
420 g

tomillo
× 1 ramito

aceite de oliva
20 ml

limón
× 1

- Corte la parte blanca de los puerros en rodajas finas y aclárelas. Pique las hojas del tomillo. Caliente el aceite en una cazuela y sofría el puerro 10 minutos con la mitad del tomillo y un poco de sal, hasta que esté tierno.
- Suba el fuego y eche el arroz. Remueva 1 minuto. Vierta 1 litro de agua, llévelo a ebullición y luego baje el fuego y cuézalo 20 minutos, hasta que el arroz esté bien hecho.
- Exprima el limón y rocíe el arroz con el zumo. Salpimiente y esparza por encima el resto del tomillo.

FRANCE

Estofado de lentejas y col

listo en 10 minutos

15 minutos de cocción

para 4 personas

lentejas verdes
510 g

leche de coco
2 × 400 ml

col kale
× 1 pequeña

jengibre
40 g

limones
× 4

- Aclare las lentejas. Deseche los tronchos de la col y pique las hojas. Pele y pique bien el jengibre. Ralle la piel de los 4 limones y exprímalos.
- Lleve a ebullición las lentejas con el jengibre, la leche de coco, 2 cucharaditas de sal y 200 ml de agua, y luego cuézalo a fuego lento 15 minutos, o hasta que las lentejas estén tiernas y el estofado se haya espesado.
- En el momento de servir, añada la col y el zumo y la ralladura de limón.

Curri de calabaza

listo en 15 minutos

15 minutos de cocción

para 4 personas

calabaza
850 g

garbanzos cocidos
400 g

aceite de coco
100 ml

granos de granada
90 g

menta
× 1 ramito

ras el hanout
2 cucharadas

- Pele la calabaza y córtela en dados. Escurra y aclare los garbanzos. Derrita el aceite. Pique la menta. Caliente el ras el hanout 1 minuto en una sartén. Mézclelo con 2 cucharadas de aceite y unte bien la calabaza. Déjela marinar 10 minutos.
- Caliente el resto del aceite en una cazuela. Rehogue la calabaza marinada con 2 cucharaditas de sal 1 o 2 minutos. Vierta 250 ml de agua, tápela y cuézala a fuego lento de 8 a 10 minutos.
- Tritúrela. Añada los garbanzos, la menta y la granada.

Curri de boniato

listo en 10 minutos

15 minutos de cocción

para 4 personas

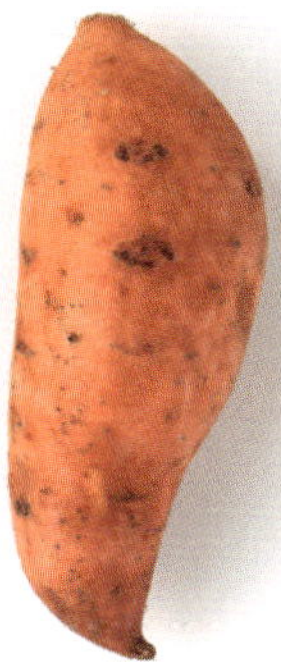

boniatos
× 4

tomates en rama
× 4

comino en grano
2 cucharaditas

semillas de mostaza
1 cucharadita

aceite de coco
100 ml

guindilla molida
2½ cucharaditas

- Pele los boniatos y córtelos en dados de 1 cm. Corte los tomates en dados. Caliente el aceite a fuego medio en una cazuela. Sofría el comino 1 minuto y luego añada las semillas de mostaza. Cuando chisporroteen, baje el fuego, añada el boniato y la guindilla, y remueva 1 minuto.
- Tape la cazuela y rehóguelo de 6 a 8 minutos. Añada el tomate, 225 ml de agua hirviendo y 2 cucharaditas de sal, y cueza el curri a fuego medio otros 6 o 7 minutos, tapado.

Curri de coliflor

listo en 5 minutos

15 minutos de cocción

para 4 personas

coliflor
× 1 grande

crema de coco
400 ml

pasta de curri massaman
100 g

anacardos
75 g

cilantro
× 1 ramito

- Deseche las hojas de la coliflor y sepárela en ramitos. Trocee los anacardos. Pique las hojas del cilantro
- Caliente 2 cucharadas de crema de coco 1 minuto. Eche la pasta de curri y remueva 4 minutos. Añada la coliflor, el resto de la crema de coco, media cucharadita de sal y 200 ml de agua. Llévelo a ebullición, baje el fuego y cuézalo sin tapar 15 minutos.
- Tritúrelo dejando trozos enteros. Adorne el curry con los anacardos y el cilantro.

Curri rendang de tempeh

listo en 15 minutos
10 minutos de reposo

20 minutos de cocción

para 4 personas

tempeh
600 g

pasta de curri rendang
185 g

crema de coco
250 ml

pasta de tamarindo
2 cucharaditas

copos de coco
25 g

cilantro
× 5 ramitas

- Escurra el tempeh sobre papel de cocina y córtelo en dados de 3 cm. Con las manos, mézclelo bien con 4 cucharadas de pasta de curri. Resérvelo en la nevera 10 minutos.
- Ponga en una cazuela el tempeh marinado, la crema de coco, media cucharadita de sal y el resto de la pasta de curri. Llévelo a ebullición y luego baje el fuego y cuézalo 20 minutos.
- Incorpore la pasta de tamarindo y adórnelo con las hojas del cilantro y los copos de coco.

Espaguetis con hinojo y eneldo

espaguetis sin huevo
400 g

hinojo
× 2 bulbos medios

queso de anacardos
250 g (receta 7)

eneldo
× 1 manojo

aceite de oliva
80 ml

limón
× 1 grande

listo en 10 minutos

10 minutos de cocción

para 4 personas

- Limpie el hinojo de partes duras y corte el bulbo y los tallos en láminas. Pique fino el eneldo. Exprima el limón. Cueza la pasta en agua con sal de 8 a 10 minutos. Escúrrala.
- Para preparar la salsa, emulsione el aceite con el zumo de limón, 1 cucharadita de sal y 1 cucharadita de pimienta.
- Mezcle la pasta caliente con el hinojo y el eneldo, y luego vierta la salsa y remueva bien. Desmigue el queso de anacardos por encima.

Pad thai renovado

listo en 5 minutos

10 minutos de cocción

para 4 personas

tallarines de arroz
400 g

pasta de tamarindo
55 g

limas
× 2

sirope de arroz integral
40 g

cacahuetes tostados
120 g

cilantro
× 1 ramito

- Ralle la piel de las limas y exprímalas. Trocee los cacahuetes.
- Ponga a hervir agua con sal. Cueza los tallarines de 6 a 8 minutos, hasta que estén tiernos. Reserve 2 cucharadas del agua de cocción y escúrralos.
- Mezcle el agua de cocción reservada con 1 cucharadita de sal y el resto de los ingredientes, excepto los cacahuetes y el cilantro, y viértalo sobre la pasta.
- Complete el plato con los cacahuetes y las hojas del cilantro.

Soba con calabaza y satay

listo en 5 minutos

20 minutos de cocción

para 4 personas

calabaza pelada
500 g

fideos soba
300 g

cebolletas
× 4

crema de cacahuete
4 cucharadas

limas
× 2

aceite de sésamo crudo
1 cucharadita

- Ralle la calabaza. Corte las cebolletas en tiras. Exprima las limas. Cueza los fideos 3 minutos en agua con sal. Añada la calabaza y cuézala 1 minuto.
- Reserve 60 ml del agua de cocción y luego escúrralo todo y páselo a una ensaladera.
- Mezcle la crema de cacahuete con el aceite de sésamo, el zumo de lima, la cebolleta, media cucharadita de sal y el agua de cocción reservada. Vierta la salsa sobre los fideos y la calabaza, y remueva bien.

44

Espaguetis al pesto alimonado

listo en 5 minutos

10 minutos de cocción

para 4 personas

espaguetis sin huevo
400 g

albahaca
× 3 ramitos

ajo
× 1 diente

piñones
60 g

aceite de oliva
100 ml

limón
× 1

- Pele el ajo. Pele el limón llevándose el mínimo posible de parte blanca y exprímalo; pique bien la piel. Tueste los piñones 2 minutos en una sartén.
- En el mortero, maje el ajo con un cuarto de cucharadita de sal y la albahaca hasta obtener una pasta. Añada los piñones y májelos. Incorpore la ralladura y el zumo de limón, así como el aceite.
- Cueza la pasta en agua con sal de 10 a 12 minutos. Mezcle el pesto con la pasta caliente y sazone con pimienta.

Macarrones con judías blancas

listo en 5 minutos

15 minutos de cocción

para 4 personas

macarrones sin huevo
400 g

judías blancas cocidas
800 g

ajo
× 4 dientes pequeños

pimentón ahumado
1 cucharadita

aceite de oliva
60 ml

brotes de espinaca
300 g

- Escurra y aclare las judías. Corte el ajo en láminas. Cueza la pasta en agua con sal 15 minutos. Reserve 60 ml del agua de cocción y luego escúrrala. Resérvela caliente.
- Caliente el aceite en una cazuela, eche el ajo y fríalo 1 minuto, hasta que se dore. Sáquelo con una espumadera.
- Eche el pimentón y las judías, y caliéntelas 2 minutos. Añada la pasta caliente, los brotes de espinaca y el agua de cocción reservada. Mezcle bien y salpimiente. Esparza por encima el ajo frito.

Fettuccine con tomatitos

fettuccine sin huevo
400 g

tomatitos de colores
750 g

eneldo
× 1 ramito

cilantro
× 1 ramito

ajo
× 6 dientes

aceite de oliva
60 ml

listo en 10 minutos

15 minutos de cocción

para 4 personas

- Deshoje el eneldo y el cilantro, y trocee los tallos del cilantro. Pele los ajos. Precaliente el gratinador. Ponga en el vaso de la batidora el aceite, 1 cucharadita de sal, el ajo y las hierbas, y tritúrelo hasta obtener una pasta espesa.
- Pásela a una fuente, añada los tomates y remueva bien. Áselo bajo el gratinador de 8 a 10 minutos, hasta que los tomates estallen.
- Cueza la pasta en agua con sal de 10 a 12 minutos. Mezcle la salsa con la pasta caliente.

Fideos y hortalizas al sésamo

listo en 5 minutos

15 minutos de cocción

para 4 personas

tallarines de arroz
300 g

brócoli
× 1 grande

brotes de espinaca
200 g

aceite de oliva
2 cucharadas

semillas de sésamo
30 g

chalote frito
2 cucharadas

- Separe el brócoli en ramitos y corte los tallos en rodajitas. Pique los brotes de espinaca. Cueza la pasta 4 o 5 minutos en agua con sal. Reserve 60 ml del agua de cocción y escúrrala.
- Caliente el aceite en una cazuela, eche el sésamo y fríalo 1 minuto. Añada el brócoli y sofríalo de 6 a 8 minutos, hasta que los bordes estén crujientes.
- Apártelo del fuego y añada las espinacas, los fideos, el agua de cocción reservada y 1 cucharadita de sal. Esparza por encima el chalote frito.

Espaguetis con alcachofas

listo en 5 minutos

10 minutos de cocción

para 4 personas

espaguetis sin huevo
400 g

corazones de alcachofa confitados
320 g

habas
450 g

orégano
× 1 ramito mediano

limones
× 4

aceite de oliva
80 ml

- Escurra los corazones de alcachofa, aclárelos y córtelos en dos. Pele las habas, quíteles la piel y escáldelas 2 minutos. Exprima los limones. Cueza la pasta en agua con sal de 10 a 12 minutos. Escúrrala.
- Maje en el mortero el orégano con una pizca de sal hasta obtener una pasta. Añada el aceite y el zumo de limón.
- Mezcle los espaguetis calientes con las alcachofas y las habas, y luego vierta la salsa y salpimiente.

Espaguetis estilo boloñesa

listo en 5 minutos

10 minutos de cocción

para 4 personas

champiñones
750 g

espaguetis integrales
400 g

ajo
× 8 dientes

concentrado de tomate
100 g

perejil
× 1 ramito

aceite de oliva
50 ml

- Corte los champiñones y los ajos en láminas, y pique un poco el perejil. Cueza la pasta en agua con sal de 10 a 12 minutos. Reserve 125 ml del agua de cocción y escúrrala.

- Mientras tanto, caliente el aceite en una cazuela, eche el ajo y fríalo 1 minuto. Añada 1 cucharadita de sal y los champiñones, y saltéelos 7 u 8 minutos. Agregue el concentrado de tomate, el agua de cocción reservada y los espaguetis. Mezcle bien. Sazone con pimienta y esparza el perejil por encima.

Pasta con brócoli y nueces

listo en 5 minutos

15 minutos de cocción

para 4 personas

fusilli de espelta
300 g

brócoli
× 1 grande

aceite de oliva
4 cucharadas

nueces de Brasil
90 g

brotes de espinaca
45 g

limón
× 1

- Separe el brócoli en ramitos. Pique las nueces. Exprima el limón. Precaliente el horno a 250 °C. Mezcle el brócoli con 2 cucharadas de aceite de oliva y 1 cucharadita de sal. Remueva bien y extiéndalo de forma homogénea en la bandeja del horno. Hornéelo 15 minutos.
- Cueza la pasta en agua con sal de 12 a 15 minutos. Escúrrala.
- Mezcle la pasta con el brócoli y los otros ingredientes. Añada el resto del aceite y el zumo de limón, y salpimiente.

Plumas a la provenzal

listo en 10 minutos

10 minutos de cocción

para 4 personas

plumas sin huevo
400 g

tomates secos en aceite
55 g

albahaca
× 1 ramito

aceite de oliva
40 ml

ajo
× 1 diente pequeño

semillas de hinojo
2 cucharaditas

- Remoje los tomates en agua caliente 5 minutos, escúrralos y trocéelos con los dedos. Trocee de igual modo las hojas de la albahaca, excepto un puñado. Corte el ajo en láminas finas. Mezcle bien en una ensaladera todos los ingredientes excepto la pasta.
- Cueza la pasta en agua con sal de 10 a 12 minutos. Escúrrala.
- Vierta la pasta en la ensaladera y remueva bien. Salpimiente y esparza la albahaca por encima.

Boniatos fritos

listo en 5 minutos

45 minutos de cocción

para 2 personas

boniatos
× 4 grandes

aceite de oliva
60 ml

romero
10 g

limas
× 3

sal rosa del Himalaya
60 g

- Corte los boniatos como si fueran patatas para freír. Ralle la piel de las 3 limas. Precaliente el horno a 220 °C. En el mortero, maje la sal con el romero y la ralladura.
- Reparta los boniatos entre dos bandejas de horno forradas con papel vegetal. Rocíelos con aceite de oliva y esparza por encima la sal aromatizada. Remueva con las manos.
- Ase los boniatos en el horno 45 minutos, hasta que estén blandos por dentro y crujientes por fuera.

53

Patatas especiadas salteadas

listo en 5 minutos

20 minutos de cocción

para 4 personas

patatas
1 kg

aceite de coco
30 ml

comino en grano
1 cucharadita

semillas de hinojo
1 cucharadita

semillas de mostaza
1 cucharadita

cúrcuma molida
½ cucharadita

- Corte las patatas en dados de 1 cm. Caliente la mitad del aceite a fuego medio en una sartén antiadherente. Saltee las patatas 15 minutos, hasta que estén casi hechas.
- Añada la cúrcuma, media cucharadita de sal y 1 cucharadita de pimienta, y saltee otros 5 minutos.
- Caliente el resto del aceite a fuego fuerte en otra sartén. Eche todas las semillas: deben chisporrotear. Déjelas al fuego de 30 a 60 segundos. Échelas sobre las patatas.

Yakitori de berenjena

berenjenas
500 g

cebolletas
× 8

aceite de oliva
125 ml

salsa teriyaki
125 ml

semillas de sésamo blanco
12 g

maicena
10 g

listo en 20 minutos

10 minutos de cocción

para 8 brochetas

- Corte las berenjenas en dados, remójelas 10 minutos en agua salada y luego escúrralas. Corte la parte verde de las cebolletas en trozos de 3 cm. Deslía la maicena en 1 cucharada de agua.
- Prepare las brochetas alternando berenjena y cebolleta. Mezcle la salsa teriyaki con la maicena desleída y rocíe las brochetas. Déjelas marinar 10 minutos en la nevera.
- Precaliente la plancha. Úntela con aceite y ase las brochetas por todos los lados. Esparza el sésamo por encima.

Hortalizas braseadas

judías blancas cocidas
900 g

hinojo
× 1 grande

col kale
× 1 pequeña

aceite de oliva
40 ml

limón
× 1

listo en 5 minutos

10 minutos de cocción

para 4 personas

- Escurra y aclare las judías. Corte el hinojo en láminas. Retire los tallos de la col y trocee las hojas. Exprima el limón.
- Caliente el aceite en una cazuela y sofría el hinojo 5 o 6 minutos, hasta que esté bien tierno.
- Añada la col, remueva y luego vierta 60 ml de agua. Déjelo al fuego 5 o 6 minutos, removiendo de vez en cuando, hasta que la col esté tierna. Añada las judías y el zumo de limón, y salpimiente.

Canelones de berenjena

listo en 15 minutos

20 minutos de cocción

para 4 personas

berenjenas
× 2 grandes

queso de anacardos
200 g (receta 7)

tomate triturado
150 g

aceite de oliva
125 ml

copos de levadura
1 cucharadita

albahaca
× ½ ramito

- Corte las berenjenas en láminas a lo largo y remójelas 10 minutos en agua salada. Escúrralas y elimine el exceso de agua. Trocee la albahaca con los dedos. Precaliente el horno a 180 °C.
- Caliente la plancha. Unte las berenjenas con aceite y áselas 1 o 2 minutos por cada lado. Ponga 1 cucharadita de queso de anacardos en el centro de cada lámina y enróllelas.
- Disponga los rollitos en una fuente. Vierta el tomate, esparza los copos de levadura y hornéelo de 10 a 15 minutos. Esparza la albahaca por encima.

Calabacines rellenos

listo en 5 minutos

25 minutos de cocción

para 4 personas

calabacines
× 4

piñones
60 g

ajo
× 6 dientes

concentrado de tomate
30 g

aceite de oliva
50 ml

- Parta los calabacines por la mitad a lo largo. Precaliente el horno a 220 °C. Vacíe las mitades de calabacín y dispóngalas en una fuente para el horno. Pique la pulpa de calabacín y sofríala 5 minutos en 40 ml de aceite con el ajo, los piñones y 1 cucharadita de sal. Incorpore el concentrado de tomate y 2 cucharadas de agua.
- Rellene los calabacines con la preparación y luego rocíelos con un chorrito de aceite. Vierta 125 ml de agua en la fuente y tápela con papel de aluminio. Hornéelo 20 minutos.

Mini shepherd's pie

listo en 10 minutos

25 minutos de cocción

para 6 personas

boniato
× 1 grande

lentejas verdes
300 g

tamari
40 ml

concentrado de tomate
50 g

sirope de arce
20 ml

eneldo
× 5 ramitas

- Pele el boniato y córtelo en dados de 1 cm. Aclare las lentejas y pique el eneldo. Lleve a ebullición las lentejas en 1 litro de agua con 1 pizca de sal. Cuézalas a fuego lento 10 minutos. Escúrralas.
- Cubra el boniato con agua y eche 1 pizca de sal. Cuézalo 10 minutos, tapado. Escúrralo. Tritúrelo bien.
- Precaliente el gratinador. Mezcle las lentejas con el eneldo, el tamari, el concentrado de tomate y el sirope de arce. Repártalo en 6 moldes. Reparta el boniato. Dórelo 5 minutos bajo el gratinador.

Berenjenas asadas

listo en 15 minutos

10 minutos de cocción

para 4 personas

berenjenas
× 2 grandes

tahín integral
60 g

cilantro
× 1 manojo

guindilla verde fresca
× 1½ larga

limón
× 1

aceite de coco
80 ml

- Corte las berenjenas en rodajas y remójelas 10 minutos en agua salada. Escúrralas. Pique el cilantro. Corte la guindilla en rodajitas. Derrita el aceite de coco.
- Precaliente la plancha. Unte las berenjenas con aceite y áselas 2 o 3 minutos, dándoles la vuelta una vez.
- Triture el resto de los ingredientes con 2 cucharadas de agua y 1 cucharadita de sal. Reparta la salsa sobre las berenjenas y adórnelas con la guindilla y el cilantro.

Calabaza asada

listo en 5 minutos

40 minutos de cocción

para 4 personas

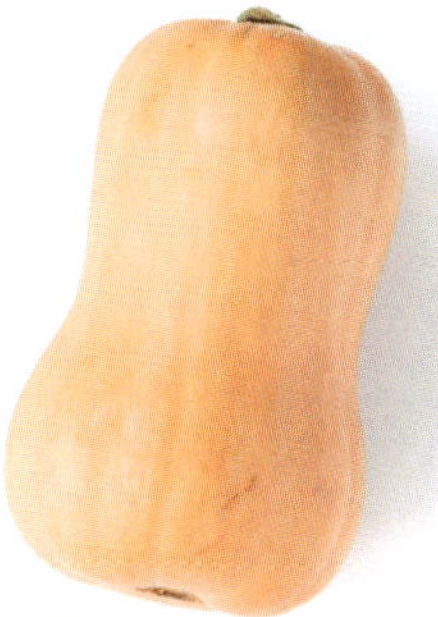

calabaza moscada
× 1,2 kg

salsa de guindilla
¼ de cucharadita

puré de almendras
3 cucharadas

cilantro
× 1 puñado

aceite de coco
40 ml

- Sin pelarla, corte la calabaza en trozos grandes; reserve las semillas. Derrita el aceite de coco. Precaliente el horno a 180 °C. Hornee las semillas 10 minutos.
- En una fuente para el horno, unte bien la calabaza con el aceite y 1 cucharadita de sal. Hornéela de 30 a 40 minutos.
- Mezcle la salsa de guindilla con 1 cucharada de agua caliente y el puré de almendras. Rocíe la calabaza asada con la salsa y esparza por encima las semillas tostadas y las hojas del cilantro.

Helado de plátano

listo en 5 minutos
2 horas de reposo

sin cocción

para 4 personas

nueces de macadamia
70 g

plátanos muy maduros
× 4

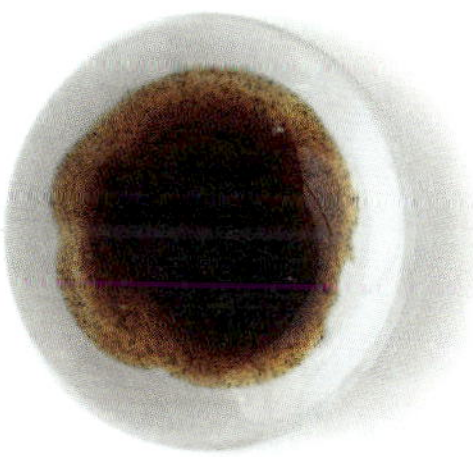

pasta de vainilla
10 g

- Pele los plátanos, trocéelos y déjelos 2 horas, o toda una noche, en el congelador. Precaliente el horno a 200 °C. Tueste las nueces 10 minutos, hasta que se doren.
- Triture los plátanos congelados con la pasta de vainilla en la batidora hasta obtener una crema espesa. Añada las nueces de macadamia y tritúrelo un poco más.
- Sírvalo enseguida o déjelo en el congelador de 1 a 2 horas para obtener una textura más consistente.

62

Brownie de boniato

listo en 15 minutos

30 minutos de cocción

para 10 porciones

boniatos
700 g

cacao en polvo
40 g

harina
130 g

crema de coco
125 ml

sirope de arce
80 ml

- Pele los boniatos y córtelos en daditos. Precaliente el horno a 180 °C. Hornee los boniatos 10 minutos, o hasta que estén tiernos.
- Tritúrelos con el resto de los ingredientes y media cucharadita de sal hasta obtener una textura lisa.
- Vierta la pasta en un molde de 23 cm forrado con papel vegetal y hornee el brownie 20 minutos. Deje que se enfríe. Espolvoree cacao por encima y córtelo en cuadrados.

Mousse de chocolate

listo en 5 minutos
2 horas de reposo

sin cocción

para 4 personas

cacao en polvo
45 g

sirope de arroz
60 ml

aguacates
× 2

crema de coco
125 ml

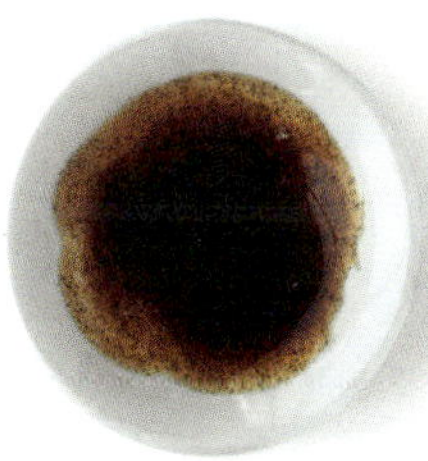

pasta de vainilla
20 g

habas de cacao
1 cucharadita

- Reserve las habas de cacao y triture en el vaso de la batidora el resto de los ingredientes con una pizquita de sal hasta obtener una textura lisa.
- Reparta la mousse en 4 cuencos, esparza las habas de cacao por encima y déjelo reposar en la nevera 2 horas.
- Saque el postre de la nevera 5 minutos antes de servirlo.

Tartaletas de chocolate

listo en 10 minutos
1 hora de reposo

sin cocción

para 8 tartaletas

pacanas
180 g

aceite de coco
40 ml

sirope de arce
20 ml

aguacate
× ½

chocolate sin lactosa
80 g

- Forre con papel vegetal 8 moldes para minimagdalenas.
- En el robot de cocina, pique las pacanas. Añada el aceite de coco derretido, media cucharadita de sal y 1 cucharada de sirope de arce y tritúrelo. Reparta la pasta en los moldes, apretando bien por el fondo y los bordes.
- Triture el resto de los ingredientes con un cuarto de cucharadita de sal hasta obtener una textura lisa. Rellene las tartaletas y déjelas en la nevera 1 hora antes de servirlas.

Pastel de plátano

listo en 10 minutos

50 minutos de cocción

para 8 porciones

harina
250 g

azúcar de flor de coco
140 g

levadura
2 cucharaditas

plátanos muy maduros
× 4

puré de almendras
125 g

semillas de linaza
40 g

- Pele los plátanos y corte 1 en rodajas. Remoje las semillas de linaza 5 minutos en 200 ml de agua. Precaliente el horno a 200 °C. Mezcle los ingredientes secos con media cucharadita de sal.
- Chafe los plátanos enteros con un tenedor. Incorpore los otros ingredientes húmedos.
- Mezcle los ingredientes secos con los húmedos sin trabajar demasiado la pasta. Extiéndala en un molde de 23 × 13 × 7 cm forrado con papel vegetal y coloque las rodajas de plátano por encima. Hornéelo de 50 a 60 minutos.

Delicias de frambuesa al cacao

listo en 5 minutos

2 minutos de cocción
1 hora de reposo

para 6 personas

crema de coco
170 g

sirope de arce
80 ml

cacao en polvo
45 g

puré de almendras
3 cucharadas

frambuesas
× 6

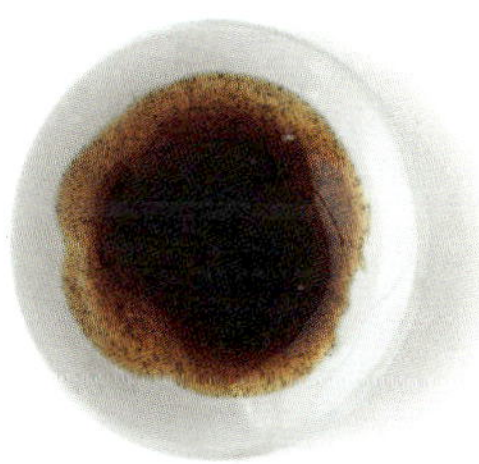

pasta de vainilla
1 cucharadita

- Ponga en un cazo la crema de coco, el cacao, el sirope de arce y una pizca de sal rosa. Cuézalo a fuego lento 2 minutos, batiendo con las varillas. Incorpore la pasta de vainilla.
- Vierta la preparación en moldes para minimagdalenas forrados con papel vegetal, hasta un cuarto de su altura. Ponga en el centro una cucharadita de puré de almendras y reparta el resto de la pasta de cacao.
- Desmigue las frambuesas por encima y ponga unos granitos de sal. Deje que se endurezca en la nevera 1 hora.

Crumble de quinoa y ruibarbo

listo en 5 minutos

35 minutos de cocción

para 6 personas

ruibarbo
1 kg

azúcar de flor de coco
300 g

aceite de coco
110 ml

copos de quinoa
200 g

nueces
100 g

- Pele el ruibarbo y córtelo en trozos de 6 cm. Derrita el aceite de coco. Trocee las nueces.
- Ponga el ruibarbo en una olla con 200 g de azúcar y 180 ml de agua. Cuézalo 15 minutos a fuego lento, tapado. Páselo a una fuente.
- Precaliente el horno a 200 °C. Mezcle los copos de quinoa con el aceite, las nueces, el resto del azúcar y media cucharadita de sal. Repártalo sobre el ruibarbo y hornee el crumble 20 minutos, hasta que esté dorado.

¿Qué hacer con...?

Título original: *Vegan Super Facile*

Producción edición española:
Tanja Timmerman vertaling & redactie
Traducción y maquetación del interior: Smarted

ISBN: 978-94-6359-410-3

Impreso en Eslovenia

Distribución exclusiva de la edición española:
LIBRERO IBP
C/ Paseo de los Olmos, nº 20, Planta 1ª, Oficina 7
28005 MADRID
Tel 0034 915001438
info@libreroibp.es